SONG OF THE CHIRIMIA
A Guatemalan Folktale

Retold and illustrated by/Narrada e ilustrada por
JANE ANNE VOLKMER

Translated by/Traducida por
Lori Ann Schatschneider

LA MÚSICA DE LA CHIRIMÍA
Folklore Guatemalteco

🌿 **Carolrhoda Books, Inc./Minneapolis**

For / Para **Dr. Luther Clegg,
Amilcar Noe Ruano Tejara**

Library of Congress Cataloging-in-Publication Data

Volkmer, Jane Anne.
   Song of the chirimia : a Guatemalan folktale = La música de la
chirimia : folklore Guatemalteco / retold and illustrated by Jane
Anne Volkmer ; translated by Lori Ann Schatschneider.
      p.   cm.
   Summary: A bilingual retelling of a Guatemalan folktale about
a young man who tries to win the hand of a Mayan princess by
making his song as sweet as that of the birds.
   ISBN 0-87614-423-7 (lib. bdg.)
   1. Mayas—Legends. 2. Mayas—Legends. 3. Indians of Central
America—Guatemala—Legends. 4. Spanish language materials—
Bilingual. I. Title. II. Title: Música de la chirimía.
PZ74.1.V65   1991
398.2'097281—dc20
[E]   90-2069
                                                           CIP
                                                            AC

Manufactured by the United States of America/
Manufacturado por los Estados Unidos de America

2 3 4 5 6 7 8 9 10 99 98 97 96 95 94 93 92 91

Gulf of
Mexico

Golfo de
México

Gulf of
Honduras

MEXICO

BELIZE

Golfo de
Honduras

GUATEMALA

HONDURAS

Pacific
Ocean

EL
SALVADOR

NICARAGUA

Océano
Pacífico

Thanks to /
Gracias a **B. L. Chambers, M. Bodycombe,
K. Warren & Mom   —J.A.V.**

Thanks to /
Gracias a **Liliana Terrazas, L'Enc Matte,
Vicente Limorti   —L.A.S.**

Author's Note

Nota de la Autora

Dear Reader,

When I first heard the legend of the chirimia, I wanted to share it with as many people as possible. It is a story that has been told for generations in the country of Guatemala.

Each year hundreds of people from around the world travel to Guatemala to visit the ruins of ancient Mayan cities. I often go there myself, and every time I try to imagine what it was like over 2,000 years ago when Mayan kings and queens ruled. It's not hard to picture what they looked like because the Maya left behind stone carvings of themselves. Many of this book's characters were drawn from these carvings.

I hope you enjoy this story and will want to learn more about Guatemala—the people, the music, and the history. I believe that through books we can all become world travelers.

Sincerely,

Estimado Lector,

La primera vez que oí la leyenda de la chirimía quería compartirla con todo el mundo. Es un cuento que ha sido contado a través de las generaciones en el país de Guatemala.

Cada año viajan las personas, a centenares, desde todos sitios, a visitar las ruínas de las ciudades Mayas. Voy allá a menudo, y cada vez intento imaginar como eran las cosas hace 2,000 años cuando los reyes Mayas gobernaban. No es difícil imaginar como eran los Mayas, porque dejaron figuras esculpidas de piedra. Muchos de los personajes en este libro vienen de estas figuras esculpidas.

Espero que disfrutes de este cuento y que quieras aprender más sobre Guatemala—la gente, la música, y la historia. Creo que a través de los libros podemos todos ser viajeros del mundo.

Sinceramente,

Jane Anne Volkmer

On the night of the 20th full moon of Clear Sky's kingly reign, a child was born to him. Under the moon's bright light, he stood motionless, gazing at the baby girl in his servant's arms.

"I shall name my daughter Moonlight," Clear Sky declared, "to honor the light in which I first saw her." The child was all the king had now. His beloved queen had died at Moonlight's birth.

La noche de la vigésima luna llena del majestuoso reino de Cielo Claro, una niña le nació. Bajo la luz brillante de la luna, él se quedó inmóvil, contemplando a la niña en los brazos de su criada.

"Llamaré a mi hija Luz de Luna," declaró Cielo Claro, "en honor de la luz en la cual la vi por la primera vez." La niña era todo lo que el rey tenía ahora. Su amada reina había muerto al nacer Luz de Luna.

As Moonlight grew, Clear Sky's love for her deepened. Some days he would take her out in a boat on a nearby lake. They would watch the fishermen throw their nets into the clear blue waters. Patiently the two would wait until the men lifted the nets wriggling with fish.

A medida que Luz de Luna crecía, el amor
de Cielo Claro por ella aumentaba. Algunos días
él la llevaba con un bote por un lago cercano.
Contemplaban como los pescadores tiraban las
redes en las aguas azules y claras. Los dos
esperaban con paciencia, viendo los hombres
levantar las redes que se agitaban con los peces.

Other days the two would walk through the marketplace to see the merchants' displays. Moonlight's eyes reflected the sun's sparkle on gold necklaces. Her voice had the softness and warmth of woven cloth.

As she talked gaily to Clear Sky, she danced past the displays, breathing the fragrance of cacao beans.

Otros días los dos caminaban cruzando el mercado, para ver los puestos de los mercaderes. Los ojos de Luz de Luna brillaban con los reflejos del sol en los collares de oro. Su voz tenía la suavidad y el calor del más fino tejido.

Hablando alegremente con Cielo Claro, ella danzaba entre los puestos, respirando la fragancia de los granos de cacao.

But one day, the happiness ended. Moonlight sat on the palace steps, staring at the ground, not caring what could be seen at the market or how many fish were netted. She would not talk to anyone, not even her father.

She wanted to be alone.

Pero un día, la felicidad terminó.

Luz de Luna se sentó en las escaleras del palacio, mirando fijamente al suelo. No le importaba lo que podría ver en el mercado ni los peces que hubieran en las redes. No hablaba con nadie, ni siquiera con su padre.

Ella quería estar a solas.

Her father tried to bring back her laughter and chatter.

He gave her glistening jade beads from the highlands. He had his hunters bring exotic birds to her from the jungle. He called the best ballplayers in the kingdom to play in the ballcourt before her.

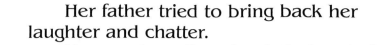

Su padre trataba que la risa y la alegría le volvieran.

Le regalaba piedras preciosas de jade de tierras lejanas. El hacía que sus cazadores le trajeran pájaros exóticos de las selvas. Llamó a los mejores jugadores de pelota en el reino a jugar en el campo delante de ella.

But Moonlight remained silent.

Pero Luz de Luna permanecia en silencio.

Clear Sky could not sleep.
He told his counselors, "My grieving will
not end until I see a smile on Moonlight's face."

Cielo Claro no podía dormir.
Dijo a sus consejeros, "Mi pena no
terminará hasta que yo vea una sonrisa en
el rostro de Luz de Luna."

Clear Sky summoned governors, priests, and scribes to his chambers to ponder this problem of gloom. The learned men sat quietly for many hours, trying to think of a solution.

Finally, a scribe who recorded marriages in his village broke the silence. "Moonlight has become a young woman. It is the time of her life to marry. When she marries, her sorrow will leave."

Cielo Claro convocó a gobernadores, sacerdotes, y escribanos a una reunión en su cámara para reflexionar sobre este triste problema. Los hombres sabios se sentaron silenciosamente durante muchas horas, intentando encontrar una solución.

Finalmente, un escribano quien registraba los matrimonios en su pueblo rompió el silencio. "Luz de Luna ya es una mujer. Se acerca el tiempo en que debe casarse. Cuando ella se case, las penas se le irán."

"She shall be married!" proclaimed the king.

"¡Ella se casará!" proclamó el rey.

Clear Sky ordered all the young, unmarried men in the kingdom to come to the central plaza on the day of the 224th full moon of his rule. On this day, Moonlight could choose her husband.

Cielo Claro ordenó venir a todos los
jóvenes solteros del reino a la plaza central,
el día de la luna llena 224 de su ley. En este
día Luz de Luna podría escoger a su esposo.

As ordered, the suitors arrived at the palace on the day of the full moon. Many brought expensive gifts of jade, pottery, gold, and birds. Handsome men, strong men, knowledgeable men—all stood waiting. Each paraded before Moonlight in elegant clothing and spoke to her of his best qualities.

But she did not smile. She did not even listen.

Tal como les había ordenado el rey, los pretendientes llegaron al palacio el día de la luna llena. Muchos trajeron regalos caros de jade, cerámica, oro, y pájaros. Hombres atractivos, hombres fuertes, hombres inteligentes—todos esperaban. Cada uno desfilaba ante Luz de Luna vestidos con ropas elegantes, y le hablaban de sus mejores cualidades.

Pero ella no sonreía. Ni siquiera escuchaba.

As the sun lowered, the faint sounds of a song drifted through the crowd. On the path leading to the plaza, a man walked. He had no gifts. He carried no weapons. His clothes were not elegant. He was singing a joyful song. The evening breeze captured his low, sweet voice and carried it to Moonlight's ears. Smiling, she lifted her head to hear the song better.

Al ocultarse el sol, el sonido tierno de una canción le llegó a través de la multitud. En el sendero que conducía a la plaza, un hombre caminaba. No tenía regalos. No llevaba armas. Sus ropas no eran elegantes. El estaba cantando una canción alegre. La brisa nocturna capturó su voz dulce y baja, y la llevó a los oídos de Luz de Luna. Sonriendo, ella levantó la cabeza para oír mejor la canción.

"Tell that young man to come into my chambers," the king commanded.

The dark-haired singer was brought before the king. He stood tall and slender before Clear Sky and Moonlight.

"What is your name?" Clear Sky asked.

"I am called Black Feather," he replied.

"Black Feather, you have brought pleasure to my daughter. If she wishes, you may marry her."

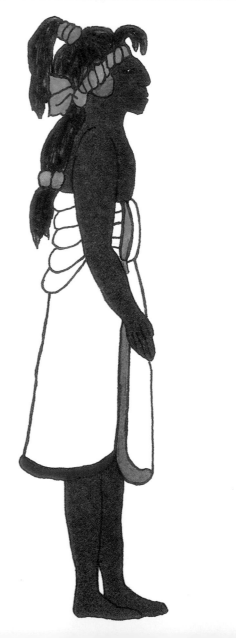

"Digan a ese joven que venga a mi cámara," ordenó el rey.

El cantante del pelo oscuro fue traído ante el rey. Se mantuvo ergido ante Cielo Claro y Luz de Luna.

"¿Cómo te llamas?" Cielo Claro preguntó.

"Me llaman Pluma Negra," él respondió.

"Pluma Negra, has traído placer a mi hija. Si ella desea, podrán casarse."

Moonlight smiled at Black Feather. "Your voice is clear and your song more pure than any I have ever heard," she said. "But I still prefer to listen to the harmony of singing birds. If you can make your song and your voice become one as the birds do, I shall marry you."

"I will learn to sing like the birds," he said, "but it will take me some time. Will you grant me time to learn?"

"How much time will you need?" she asked.

"Three full moons," he answered.

"I shall listen for your return."

Luz de Luna sonrió a Pluma Negra. "Tu voz es clara y tu canción la más pura que haya escuchado," dijo ella. "Pero todavía prefiero escuchar la melodía del canto de los pájaros. Si tú puedes hacer que tu canción y tu voz se unan como hacen los pájaros, me casaré contigo."

"Yo aprenderé a cantar como los pájaros," dijo él, "pero me tomará algún tiempo. ¿Me concederá usted tiempo para aprender?"

"¿Cuánto tiempo necesitarás?" ella preguntó.

"Tres lunas llenas," él respondió.

"Esperaré tu regreso."

With love in his heart, Black Feather left the king's chambers. He hurried down the palace steps. A large cluster of ceiba trees at the plaza's edge rustled for him to come to them. A small opening between the trees led to a path. This path would take him far into the woods, where it was said that the birds never stop singing.

Black Feather disappeared down the steep and narrow path. He walked through the darkness till he could go no farther. Black Feather lay on the ground and fell asleep.

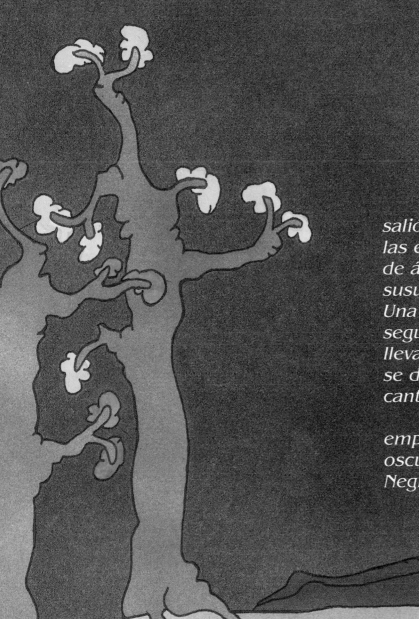

Con amor en su corazón, Pluma Negra
salió de la cámara del rey. Con prisa bajó
las escaleras del palacio. Un grupo grande
de árboles de ceiba en el borde de la plaza
susurraban para que se acercara hacia ellos.
Una pequeña abertura entre los árboles
seguía hacia un sendero. Este sendero le
llevaría lejos al interior del bosque donde
se decía que los pájaros nunca cesaban de
cantar.

Pluma Negra desapareció por el sendero
empinado y estrecho. Caminaba en la
oscuridad hasta que no pudo más. Pluma
Negra se acostó en el suelo y se durmió.

At dawn, Black Feather woke to the sound of singing birds. He listened intently. Morning, noon, and evening, Black Feather tried his best to sing as sweetly as they did.

But he could not.

Al amanecer, Pluma Negra se despertó con el canto de los pájaros. Escuchó atentamente. Por la manaña, al medio día, y por la noche, Pluma Negra intentaba cantar tan dulcemente como ellos.

Pero no podía hacerlo.

Two full moons passed, and Black Feather grew weary from trying.

Alone in the woods, Black Feather thought he would never be able to return to Moonlight. Suddenly, leaves started falling around him, and the wind blew cold and moist.

Startled, Black Feather looked up. Like a large tree bent in the wind, the Great Spirit of the Woods floated above him.

Pasaron dos lunas llenas, y Pluma Negra se fatigaba de tanto intentarlo.

A solas en el bosque, Pluma Negra pensó que nunca podría volver a ver a Luz de Luna. De repente, la hojas empezaron a caer a su alrededor y el viento sopló frío y húmedo.

Asustado, Pluma Negra miró hacia arriba. El Gran Espíritu del Bosque flotaba sobre él, como un árbol grande inclinado por el viento.

"Why do you look so sad?" whispered the Great Spirit.

With much dismay, Black Feather told the spirit his story.

"I know a way for your voice and your song to join in harmony so you can sing like a bird," crackled the Great Spirit. "But you must do as I tell you. First, cut a branch from that tree."

"¿Por qué estás tan triste?" susurró el Gran Espíritu.

Con mucho desaliento, Pluma Negra contó al espíritu su historia.

"Yo conozco una manera de unir tu voz y tu canción para que cantes como un pájaro," clamó el Gran Espíritu. "Pero debes hacer lo que yo te diga. Primero, corta una rama de este árbol."

Black Feather took his knife and cut the branch. He handed it to the Great Spirit.
Howling, the spirit flew into a treetop, setting it ablaze. The spirit roared and hissed as he transformed the branch into a long, hollow pipe with holes in one side.
The flames vanished, and the spirit drifted slowly back to Black Feather.

Pluma Negra tomó su cuchillo y cortó la rama. Se la dió al Gran Espíritu.
Aullando, el espíritu voló a lo más alto del árbol, prendiéndole fuego. El espíritu gruñó y silbó mientras él transformaba la rama en una flauta larga y vacía con agujeros en un lado.
Las llamas desaparecieron, y el espíritu flotaba lentamente hacia Pluma Negra.

The Great Spirit gave the pipe to the young man saying, "What you hold in your hands is called a chirimia, and its song is more pleasing to the ear than that of the birds. Learn to play it well, and when the princess hears the chirimia's song, she will marry you."

El Gran Espíritu dió la flauta al joven diciendo, "Lo que sostienes en las manos se llama chirimía, y su música es más placentera al oído que la de los pájaros. Aprende a tocarla bien, y cuando la princesa oiga la música de la chirimía, se casará contigo."

Black Feather stared at the pipe.
"Take it to your lips and blow through it," the spirit commanded. "Move your fingers along the holes and listen."
Then the Great Spirit swirled into a spiral of blue-gray smoke and disappeared into the pipe.

Pluma Negra miró la flauta.
"Llévala a tus labios y sopla a través de ella," ordenó el espíritu. "Mueve tus dedos sobre los agujeros y escucha."
Entonces el Gran Espíritu giró en un remolino de humo azul y gris, y desapareció en el interior de la flauta.

Black Feather put his lips to the chirimia and blew. A remarkable sound filled the air, a sound so melodious that even the birds stopped their singing.

Black Feather practiced playing on the pipe all day long. The sounds became clearer and purer with every note he played.

Pluma Negra puso los labios en la chirimía y sopló. Un sonido extraordinario llenó el aire, tan melodioso que los pájaros detuvieron su canto.

Pluma Negra practicó tocando la flauta todo el día. Los sonidos se volvían más claros y puros con cada nota que tocaba.

Many days passed, and the time came for Black Feather to return. As he walked swiftly through the woods, Black Feather held tightly onto the pipe.

When he neared the small opening in the ceiba trees, he put the chirimia to his lips and began to play a song from his heart.

Pasaron muchos días, y llegó el momento para que regresara Pluma Negra. Caminando rapidamente a través del bosque, Pluma Negra cogía la flauta fuertemente.

Al acercarse a la pequeña abertura entre los árboles de ceiba, él puso la chirimía en sus labios y comenzó a tocar una canción, que salía de lo más profundo de su corazón.

The melody brought the princess out of the palace to listen. Her eyes fell upon Black Feather, and she exclaimed, "Your song is lovelier than those of the birds!"

La melodía atrajo a la princesa fuera del palacio. Sus ojos cayeron sobre Pluma Negra y ella exclamó, "¡Tu canción es más hermosa que la de los pájaros!"

On that night, the 227th full
moon of Clear Sky's reign, Moonlight and Black Feather married.
Under the moon's bright light, Clear
Sky stood motionless, listening to
the song of the chirimia while
Moonlight danced in the plaza
below.

*Esa noche, la luna llena 227 del
reino de Cielo Claro, Luz de Luna y
Pluma Negra se casaron. Bajo la luz
brillante de la luna, Ciela Claro se
quedó inmóvil, escuchando la
música de la chirimia mientras Luz
de Luna danzaba abajo en la plaza.*

Today, if you travel to Guatemala, you may hear music sweeter than that of any bird, lilting in the wind. If you ask what it is you hear, the reply will be, "It is the song of the chirimia, the most harmonious song in the woods."

Hoy en día, si tú viajas a Guatemala, podrás oír música más dulce que cualquier otro canto alegre de pájaro en el viento. Si tú preguntas que es lo que se escucha, la respuesta será, "Es el sonido de la chirimía, la música más armoniosa en el bosque."